LES ESCALIERS
DE MONTRÉAL
d'un quartier à l'autre

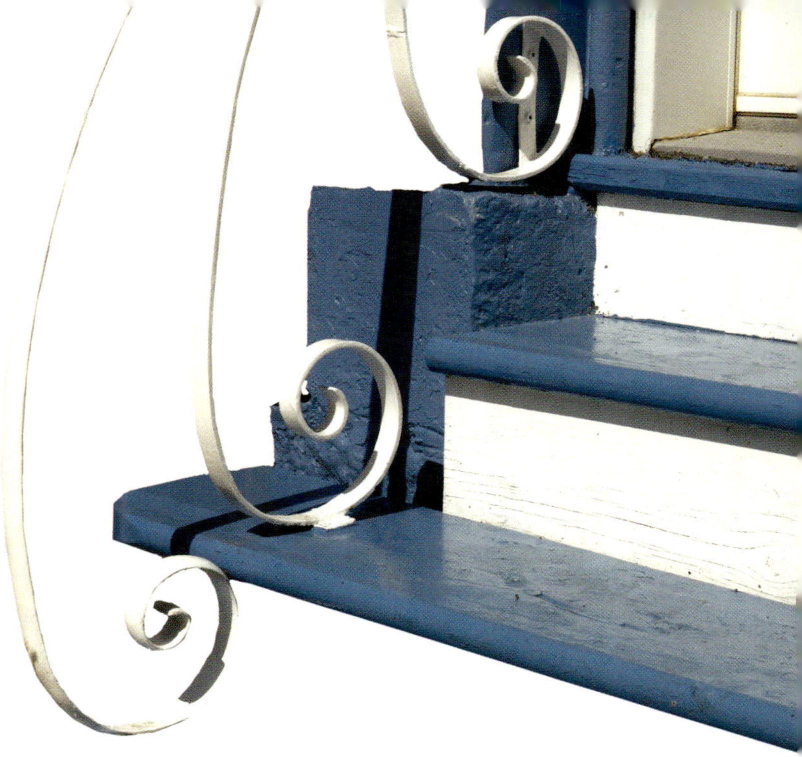

LES ESCALIERS DE MONTRÉAL

d'un quartier à l'autre

Photos de Pierre Phillipe Brunet
Textes de Jean O'Neil

Catalogage avant publication de Bibliothèque et Archives nationales du Québec et Bibliothèque et Archives Canada

Brunet, Pierre Phillippe
Les escaliers de Montréal : d'un quartier à l'autre

Nouv. éd. ISBN 978-2-89428-978-5

1. Escaliers - Québec (Province) - Montréal - Ouvrages illustrés.
2. Architecture - Québec (Province) - Montréal - Détails - Histoire.
3. Escaliers - Québec (Province) - Montréal. I. O'Neil, Jean. II. Titre.

NA3060.B78 2007 721'.83209714 C2007-941035-9

Les Éditions Hurtubise HMH bénéficient du soutien financier des institutions suivantes pour leurs activités d'édition :

- Conseil des arts du Canada
- Gouvernement du Canada par l'entremise du Programme d'aide au développement de l'industrie de l'édition (PADIÉ)
- Société de développement des entreprises culturelles au Québec (SODEC)
- Programme de crédit d'impôt pour l'édition de livres du gouvernement du Québec

Responsable éditoriale : Annika Parance
Recherche : Janouk Murdock
Maquette de la couverture : Marc Roberge (Kinos)
Maquette intérieure et mise en pages : Kinos
Numérisation des photos : Carl Lemyre (Pégase Design enr.)

Éditions Hurtubise HMH ltée
1815, avenue De Lorimier
Montréal (Québec)
H2K 3W6

Distribution en France :
Librairie du Québec / DNM
30, rue Gay Lussac
75005 Paris
www.librairieduquebec.fr

ISBN : 978-2-89428-978-5

Dépôt légal : 4e trimestre 2007
Bibliothèque et Archives nationales du Québec
Bibliothèque et Archives Canada

Imprimé en Malaisie

www.hurtubisehmh.com

À la mémoire de Gaston Brunet, mon père

- Pierre Phillipe Brunet

Espérant que cet ouvrage éveille l'intérêt et peut-être aussi la conscience des Montréalais et de tous les Québécois sur l'importance de préserver notre patrimoine architectural.

DES MÊMES AUTEURS :

Montréal
Montréal, Hurtubise HMH, 2000

L'Île Sainte-Hélène
Montréal, Hurtubise HMH, 2001

Les Couronnements de Montréal
Montréal, Hurtubise HMH, 2002

Vues du fleuve: le Saint-Laurent et son pays
Montréal, Guy Saint-Jean Éditeur, 2006

DANS LA MÊME COLLECTION :

Christine Bourgier
Montréal : parcs et promenades
Montréal, Hurtubise HMH, 2006

Table des matières

Une ville en marches

Montréal pourtant fière de ses cent clochers
Serait aussi la ville aux mille escaliers
Mais il suffit déjà d'avoir à les monter
Qui veut se donner la peine de les compter

On devrait avoir le droit de se reposer
En ouvrant un beau livre pour les regarder
Dans leur différence et leur similarité
Tout le long des rues où ils se sont alignés

Au fil de tous ces jours de toutes ces années
Quand des familles entières se sont empilées
Les unes sur les autres et se sont supportées

Se sont parfois aimées et parfois méprisées
Sans jamais négliger de payer leur loyer
Pour conserver le droit de monter l'escalier

△ AVENUE WILLIAM-DAVID

Joyeux tirebouchons

Par ses arrondissements où les escaliers extérieurs montent abruptement à l'assaut des maisons, ou se contorsionnent dans des concours acrobatiques pour ramener le citadin à son logis ou l'en sortir, Montréal est unique ou à peu près, et elle ne s'en aperçoit pas.

« Unique ou à peu près », car ce genre d'escalier se retrouve aussi bien dans certains quartiers populaires construits vers la même époque dans d'autres villes, le quartier Limoilou à Québec, par exemple, et, à une échelle moindre, dans certaines rues de Sherbrooke et de Trois-Rivières. Mais si l'élégance s'y retrouve à l'occasion, la concurrence dans l'exubérance n'atteint jamais à la fantasmagorie proprement montréalaise qui tient d'une architecture-fiction plus que séculaire.

Et Montréal ne s'en aperçoit pas plus que l'éléphant ne s'étonne de sa trompe ou le rhinocéros de sa corne, tellement l'appendice est partie intégrante de l'ensemble.

C'est l'étranger qui voit, qui bée de surprise, qui s'émeut et qui sourit devant l'ingéniosité de toute cette architecture métallique ajoutée à

◁ RUE DE CHAMBLY

1845
1847
1845

◁AVENUE JEANNE-D'ARC

l'architecture de pierre ou de brique, comme une passerelle entre deux îles, voire entre deux univers, le monde clos de la résidence et le monde ouvert, illimité de la cité.

Pour les bien voir, il faudrait un magicien qui passe et les efface d'un seul coup de baguette, nous révélant soudain ces « cubicules » à portes ouvertes ou fermées sur le néant, avec hommes, femmes et enfants aux fenêtres, enfermés dans leur propre cité devenue soudainement hors de portée, enfermés comme un fœtus dans le ventre de sa mère. Mais privé du cordon ombilical.

Puis, le magicien les ferait réapparaître d'un autre coup de baguette et Montréal découvrirait avec un immense bonheur l'ingénieux réseau de ferraille finement travaillée, qui relie le quotidien de sa vie personnelle au quotidien de sa vie sociale.

Son intimité à son extériorité.
Son moi à celui de tous les autres.

Cela, l'étranger le voit souvent au premier coup d'œil. Il comprend immédiatement que l'escalier extérieur agrandit l'espace intérieur du logis.

Il s'informe de la commodité de la chose sous la pluie, sous la neige, et, surtout, de son incommodité dans les grandes circonstances que sont le déménagement et l'hospitalisation.

Sans parler de la mort.

Il photographie l'étrange invention pour la montrer ailleurs.

Il cherche un livre comme celui-ci pour revoir ces maisons quand il sera rentré chez lui, pour revoir ces escaliers, tous pareils à force d'être différents et tous différents à force d'être pareils.

Car on les peinture, on les éclaire, on les décore. On les tirebouchonne dans un sens et dans l'autre pour les ajuster à tous les besoins.

On les fleurit aussi, comme on fleurit sa boutonnière, son corsage, et on se fait des jalousies de voisins qui finissent par embellir la rue, l'arrondissement, la ville et la vie elle-même.

Voici le livre d'une belle invention.

RUE PARTHENAIS ▷

4293

△ RUE SAINT-GERMAIN

AVENUE VALOIS ▷

◁ RUE JOLIETTE △

Gérants d'estrades

En buvant un cola ou une limonade
Nulle part n'est-on mieux qu'assis dans ces estrades
Pour regarder la vie en ses humbles parades
Quand le soleil d'été invite à la balade

Dans l'escalier cambré d'une double torsade
Ces marches savamment ouvragées en cascades
Sont l'aller le retour de maintes escapades
Le théâtre du silence ou des engueulades

Minou ose parfois descendre en promenade
Mais d'un aboiement sec Pitou l'en dissuade
Et le fait remonter à très vives gambades

Dans les bras de Lucie qui à la dérobade
Fait semblant de ne pas apercevoir Conrad
Venu sous le balcon lui vendre sa salade

△ RUE DE BORDEAUX

5380
5382
5384
5378

L'escalier liquide

Il y a, de par le vaste monde, de belles et grandes villes océaniques comme New York, Rio, Tokyo, Shanghai, mais il y a aussi des villes fluviales, non moins belles, non moins fiévreuses et plus agréables à vivre, peut-être. Pensons à Paris, à Rome, à Londres et, pourquoi pas, à Montréal.

Montréal est fille du fleuve par ses rapides, près d'une montagne, qui barraient la route aux explorateurs désireux de pénétrer plus avant dans le continent. Voyant que ça ne passait pas, ils ont déposé leurs bagages sur la rive et ils ont escaladé la montagne pour voir quelle était la géographie de ce pays. Quand ils eurent bien examiné les alentours, ils ont compris que les chemins de l'eau leur imposaient un arrêt, une étape, et les chemins de l'eau commandent toujours tout dans la création d'un pays et l'appropriation d'un continent.

Les hommes ont donc déposé leurs bagages, les ont mis à l'abri sous des hangars et se sont construit des cabanes pour veiller dessus et s'abriter eux aussi, en attendant de trouver les moyens de passer outre.

◁ RUE FABRE

653
3651

Des hommes, il en est venu tant et tant que les cabanes sont devenues maisons, les hangars, entrepôts, et que l'étape est devenue une ville, une ville appelée Montréal, du nom de sa montagne. Quant aux rapides qui avaient créé la ville, on leur donna le nom de Lachine, car, en les franchissant, on caressait encore l'illusion de se rendre jusqu'au Cathay, la Chine de Marco Polo, fabuleusement riche de soie et d'épices.

On vainquit d'abord les rapides en les contournant avec le canot d'écorce, facile à transporter sur terre. Dans un deuxième temps, on décida de les doubler par un canal à écluses, sorte d'escalier liquide, moins brutal et plus abordable qu'une dégringolade liquide, un escalier artificiel et complaisant, à l'aller comme au retour.

Le premier projet fut conçu par le sulpicien Dollier de Casson et l'ingénieur Gédéon de Catalogne en 1670. Hélas, le substrat rocheux était plus résistant que les outils des promoteurs, et il fallut attendre la suite des développements technologiques pour réussir une première percée en 1825, un siècle et demi plus tard. Plus ruisselet qu'autre chose, le canal fut l'objet d'importants travaux en largeur et en profondeur pour devenir une voie de

◁ RUE HENRI-JULIEN

communication de 13,5 km, avec une dénivellation de 14,3 m, assurée par cinq écluses. L'escalier liquide était créé.

Par ailleurs, à la même époque, les compagnies ferroviaires Grand Trunk et Canadian Pacific étaient en train de relier les océans Atlantique et Pacifique, avec leurs plus importantes usines de machinerie à la Pointe Saint-Charles, entre le fleuve et le canal. En 1860, on achevait la construction du pont Victoria, « le plus long au monde », qui allait relier Montréal à Portland et à l'est des États-Unis, une région en plein essor industriel depuis la fin de la guerre de Sécession.

Avec des aménagements successifs en 1848 et 1880, le canal de Lachine, en plus d'ajouter à l'activité maritime dans le port, fournissait une énergie hydraulique qui faisait naître des usines tout le long de son cours, créant un boom industriel qui allait faire de Montréal la métropole du Canada.

Dans le même temps, les enfants des familles nombreuses des campagnes québécoises cherchaient à s'établir quelque part, le bien paternel ne pouvant échoir qu'à l'un des dix, douze ou quinze enfants et plus. Déjà, la colonisation des

RUE DE LANAUDIÈRE ▷

4294
4296

Cantons-de-l'Est, des Bois-Francs, du Saguenay et du Lac-Saint-Jean offrait certaines perspectives, mais bien faibles en regard de l'accroissement de population, et les usines de la Nouvelle-Angleterre drainaient déjà une bonne partie de la jeune main-d'œuvre disponible.

Le boom industriel de Montréal allait changer la donne en attirant tout un flot de main-d'œuvre. De 1850 à 1900, la population montréalaise passa de 50 000 à 300 000 âmes.

Beaucoup de monde à loger tout d'un coup.

De toute évidence, il fallait un boom de la construction pour répondre à celui de l'industrie. La réponse fut rapide, éloquente même.

Le boom débuta au-delà des zones domiciliaires et industrielles de l'époque, mais l'espace ne manquait pas autour de la ville, et l'industrie de la construction s'en donna à cœur joie.

Comme nécessité fait loi, ce boom fit ses adieux aux grandes maisons unifamiliales pour leur substituer des immeubles, parallélépipèdes rectangles, pouvant loger deux, trois ou quatre familles en

◁ RUE SAINT-HUBERT

superposant un, deux ou trois étages au-dessus du rez-de-chaussée.

Ce fut le règne des « promoteurs » qui introduisirent « la maison de rapport », presque partout identique à elle-même dans sa conception, afin de réaliser des économies par la construction en série, avec des variantes pour la devanture.

Mais avant l'époque de l'ascenseur, une question se pose. Comment empiler les familles les unes sur les autres ?

Par l'escalier, évidemment.

Escalier intérieur ?

Oui, pour les immeubles d'un seul étage. Mais voyez-vous tout l'espace occupé, tout l'espace perdu par des escaliers intérieurs sur deux ou trois étages ?

On perdait bien la surface d'une chambre par niveau... avec les familles d'avant le planning familial ! Poser la question, c'est y répondre.

RUE VILLENEUVE ▷

L'escalier serait extérieur. Construit en métal, il pourrait être produit en série comme la maison, et apposé délicatement, joyeusement si possible, sur la façade.

Alors, petit à petit dans la dernière moitié du dix-neuvième siècle et la première du vingtième, Montréal deviendra la ville aux escaliers, ces escaliers extérieurs métalliques qui se rendent à l'étage et qui constituent aujourd'hui, avec la croix lumineuse du mont Royal, l'Oratoire Saint-Joseph et le mât olympique, une des signatures les plus originales de notre Montréal contemporain.

Tout cela à cause des rapides, son escalier liquide !

◁ RUE BERRI

△ RUE RACHEL

AVENUE DE L'ESPLANADE ▷

9h30-10h30
RÉSERVÉ
26
9h-23h
LUN à VEN
904605
KLR

Bonjour, Pythagore

Un escalier est un exploit mathématique
Connu de Pythagore dans la nuit des temps
Et ce peut être aussi un exploit gymnastique
Selon que l'on y monte ou que l'on en descend

Tu grimpes sans penser que des scientifiques
Ont longtemps cogité sur l'angle le penchant
Et compilé en des équations empiriques
Des valeurs acceptables pour l'escarpement

François Blondel a bien calculé la métrique
Du pied qui lève et de la jambe qui se tend
Il en a tiré une formule pratique
Qui suppute hauteur largeur gironnement

Et qui permet de gravir sans essoufflement
Parfois chemin faisant la chose se complique
Vaincre ou pas la gravitation Voilà le hic
Et pour débouler pas besoin d'être savant

◁ AVENUE DE L'ESPLANADE

△ RUE BOYER

774-3634
benoit
bleu·vert
Épilation
au laser
eling à l'acide glycolique
icro-abrasion dermique

Le jeu des équations

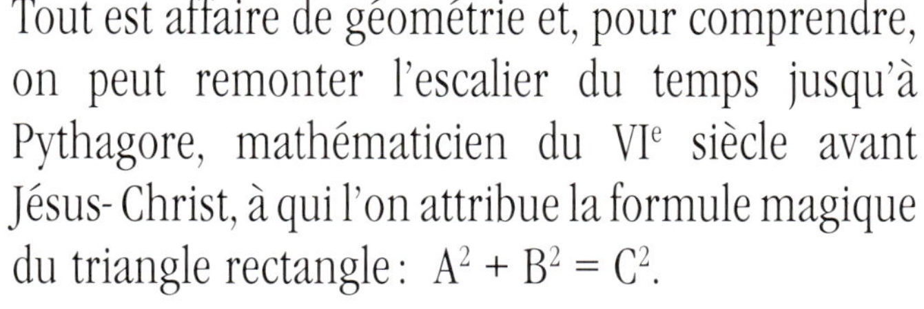

Tout est affaire de géométrie et, pour comprendre, on peut remonter l'escalier du temps jusqu'à Pythagore, mathématicien du VIe siècle avant Jésus-Christ, à qui l'on attribue la formule magique du triangle rectangle : $A^2 + B^2 = C^2$.

Dans le théorème de Pythagore, C^2 s'appelle l'hypoténuse. Dans notre théorème à nous, C^2 devient A, B^2 et A^1, B^1, et cela s'appelle l'escalier.

Compliqué ? Pas du tout !

Quand la façade de la maison s'éloigne de l'emprise de la rue pour aménager un espace destiné au déneigement, très apparent, ainsi qu'à la pose souterraine ou aérienne de toutes les commodités visibles ou invisibles, égout, téléphone, fils électriques avec comptes de taxe afférents, quand la façade de la maison s'éloigne de l'emprise de la rue, il faut calculer la distance, AB, et la hauteur des portes sur la façade, soit B^1 pour le rez-de-chaussée et B^2 pour le premier étage.

S'il y a un deuxième étage, l'escalier extérieur s'y rend plutôt rarement, cédant sa place à un escalier intérieur à partir du premier.

◁ RUE CHERRIER

Surviennent alors les règlements municipaux qui, avec les années et selon les rues, déterminent la distance entre le trottoir et la façade, et cette distance détermine évidemment la pente de l'escalier en question, qui doit être un escalier et non pas une échelle casse-cou.

Sur l'angle idéal de la pente, les opinions varient avec les experts et, bien sûr, avec l'espace disponible, l'idéal se situant quelque part entre 35 et 45 degrés. Surtout pas plus. Là où la distance est suffisante, on verra un escalier droit, pour le rez-de-chaussée toujours, et pour le premier étage souvent. Ce sont les plus nombreux, comme on peut les voir dans les rues Laval et De la Roche, par exemple.

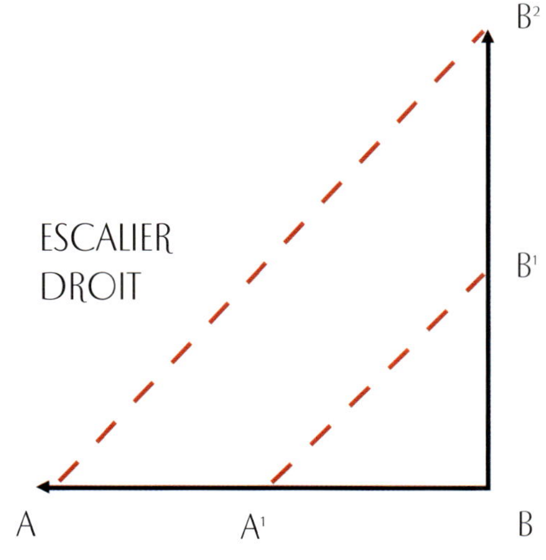

A : rue
B, B[1], B[2] : façade
A, B[1] : escalier du rez-de-chaussée
A, B[2] : escalier de l'étage

Mais si la façade est trop rapprochée du trottoir, cela n'est plus possible et l'hypoténuse commence à se tortiller, à se contorsionner selon une autre géométrie, celle de Gauss, peut-être, dans des courbures qui doivent toujours maintenir à la volée une pente de moins de 45 degrés. Et souvent en se divisant avec élégance pour donner accès à des balcons voisins.

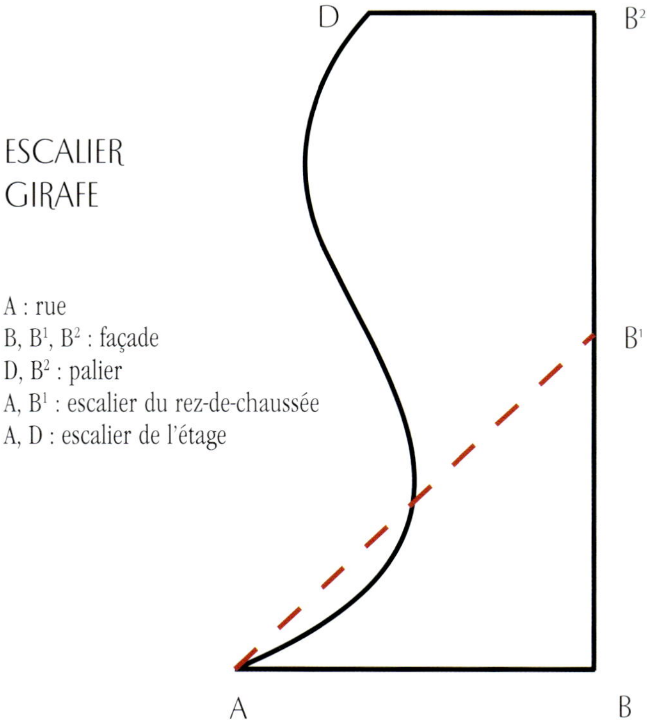

ESCALIER
GIRAFE

A : rue
B, B^1, B^2 : façade
D, B^2 : palier
A, B^1 : escalier du rez-de-chaussée
A, D : escalier de l'étage

△ RUE DROLET

◁ RUE MARQUETTE

Une autre loi quelque peu discutable, mais mentionnée jusque dans le *Larousse du XXe siècle*, affirme que : pour gravir un escalier sans fatigue, le nombre de marches ne doit pas excéder vingt et une. Une autre école prétend que, d'un palier à l'autre, la volée ne doit pas excéder vingt marches.

Cruel dilemme pour le constructeur. D'autant plus que le très célèbre François Blondel, mathématicien, ingénieur militaire, diplomate, architecte et théoricien, a énoncé une équation qui définit la marche confortable, la marche par excellence. C'est la formule de compensation de Blondel qui établit une relation entre la largeur du giron L et la hauteur de la marche H, où L+2H = 0,64 m.

Le malheur avec cette formule, c'est que la largeur du giron pourrait être, disons, de 5 cm, ce qui donnerait une hauteur de 30 cm et, au bout du compte, un escalier impossible à monter mais très facile à descendre.

Albert Willemetz, un écrivain méconnu mais parmi les plus drôles, se posait cette question : « Pourquoi les architectes, afin de diminuer la fatigue, ne limitent-ils pas la hauteur des marches au fur et à mesure qu'on monte un escalier ? »

Il ne semble pas que sa proposition ait été retenue, pas plus que celle de Pierre Dac qui avait la réflexion suivante : « En montant un escalier, on est toujours plus fatigué à la fin qu'au début. Dans ces conditions, pourquoi ne pas commencer l'ascension par les dernières marches et la terminer par la première ? »

En l'absence de toute solution définitive au problème du nombre et de la hauteur des marches, on aura du plaisir à les compter sur les escaliers des photos de ce volume, car, quand on se contente de les regarder, ils sont tous « sans fatigue ».

Mais quand on les monte...

◁ AVENUE DE LORIMIER

9h30-10h30
MARDI
VENDREDI
RÉSERVÉ
10
15h-23h
ARRÊT

Vingt marches

Et Zou
Gros bisou
Gare à vous
Allez Tourelou
Quel monde fou
Que voulez-vous
Il faut tenir le coup
Qui en perd elle itou
C'est juste ma Loulou
- Oh Moi ça va diguidou
Et vous Monsieur Groulx
C'est un tiens-toi-bien Fiou
Mais pour descendre debout
Pour monter j'y vais tout doux
Et ça lâche d'un petit peu partout
À mon âge j'ai le mollet un peu mou
J'ai tellement peur de me casser le cou
C'est quand je monte les escaliers surtout
- Ah on dirait que j'ai le cœur dans les genoux
- Bonjour Madame Brochu Comment allez-vous

Monter ici

◁ AVENUE LAVAL

△ RUE FULLUM

163

Une géographie variable

Un essai géographique pourrait faire croire que la distribution actuelle des escaliers extérieurs sur le territoire montréalais répond à une logique, une planification historique qui explique tout, alors qu'il expliquerait plutôt le contraire, c'est-à-dire une diversité et une disparité invraisemblables. C'est en effet l'histoire qui témoigne d'une improvisation totale dans l'apparition de ce qui est tout de même devenu une des caractéristiques urbaines de Montréal, et puisque « la variété est le sel de la vie », comme le veut le proverbe, regardons un moment comment l'histoire a mis du sel dans notre paysage urbain.

Cette histoire raconte que, peu après l'arrivée des Européens, toute l'île fut concédée à la communauté des prêtres de Saint-Sulpice le 9 mars 1663. Bien que Ville-Marie fût alors la seule ville de toute l'île, et bourg plutôt que ville, ce fut vraiment le seul moment où s'appliqua le slogan « une île, une ville » qui devint plus tard l'espoir et le désespoir des multiples élus municipaux.

La colonie avait évidemment besoin de colons et de colonisateurs, et à force de concéder des terres à ces gens, ici et là sur le territoire, on créa bientôt

◁ RUE SAINT-CHRISTOPHE

de petites agglomérations qui se constituaient en noyaux urbains pour s'offrir des services communs. C'est abréger en très peu de mots trois cent quarante-quatre ans d'histoire, mais c'est également comprendre que, les limites municipales se rejoignant avec la croissance des petites agglomérations, il s'est créé de multiples fusions municipales au cours de ces années, sans compter les défusions, d'où une foison de règlements sur la construction domiciliaire.

Les règlements relatifs à l'habitation ont non seulement varié d'une ville à l'autre, mais également d'un quartier ou d'un arrondissement à l'autre à l'intérieur de ces villes, compte tenu des innombrables facteurs d'urbanisme : nature du terrain, tracé des rues, vocations résidentielle ou commerciale, services d'aqueduc, d'égouts, d'électricité, etc.

La ville de Montréal est actuellement divisée en plusieurs arrondissements et leur nombre variera sans doute encore au fil des ans, selon l'humeur des citoyens et de leurs élus municipaux. Or, ces arrondissements ont une large autonomie dans leurs plans d'urbanisme et leurs règlements de construction, en fonction surtout des ensembles

◁ RUE BEAUDRY

domiciliaires et commerciaux qui doivent respecter une harmonie désirable dans des secteurs définis.

Sans véritable unité urbanistique, la ville de Montréal se présente donc comme une mosaïque plutôt qu'un tableau, une mosaïque fort agréable à parcourir, dans une diversité qui ne verse pas dans l'incohérence.

Et la géographie des escaliers?

Elle varie et elle variera encore selon le bon vouloir et le bon goût des gens de la rue, du quartier et de l'arrondissement. Ils en causent avec leurs élus pour fixer des normes de rénovation et de construction qui ne défigurent ni le passé ni l'avenir.

△ RUE SAINT-ANDRÉ

△ RUE TUPPER ▷

1843

2080

◁ RUE SAINT-ANDRÉ

△ STATION PAPINEAU

△ RUE SAINT-DENIS ▷

LA LUNE INDIENNE
100% JAZZ

Hôtel Dynastie
Hôtel Dynastie
HOTEL
DYNASTIE
1723
旅店
HOTEL

1719
1717

Au violon des saisons

Avec leurs mains courantes à têtes de violon
Et leurs barreaux ornés de fausses clés de sol
Les marches suivent la spirale des limons
Et permettent au vent de prendre son envol

Il change de musiques selon les saisons
Quand le printemps fleurit ce sont des barcarolles
Des boléros ou des romances sans paroles
Quand ce ne sont pas des refrains plutôt fripons

L'été il peut jouer les pires farandoles
Si la pluie tambourine aux vitres des maisons
L'automne quand les feuilles se font papillons

Mieux vaut dire adieu aux soirées sur les balcons
Car son archet invente des danses frivoles
Et ce sera bientôt l'hiver des neiges folles

◁ RUE SAINT-HUBERT

△ RUE DROLET

L'escalier girafe

Montréal est née au bord du fleuve et, ayant amplement d'espace pour s'étendre, ses premières familles n'ont jamais songé à demeurer les unes au-dessus des autres, se construisant plutôt des logis unifamiliaux, parfois assez vastes merci, et presque toujours collés les uns sur les autres à l'intérieur des fortifications.

Dans ce qui est devenu maintenant le Vieux-Montréal, on chercherait en vain quelque escalier extérieur atteignant l'étage.

Non, les seuls escaliers du Vieux sont généralement ceux des édifices publics ou institutionnels. Ils s'étalent généralement en largeur devant l'édifice plutôt que de chercher l'altitude et leurs dimensions sont plutôt fonction de l'importance des lieux, églises, hôtel de ville, édifices commerciaux.

De même, les escaliers sont généralement absents des rues domiciliaires où la maison, modeste ou même somptueuse, a sa porte directement sur la rue ou sur le trottoir, avec un seuil tout au plus, quand elle n'est pas disparue au fil du temps pour faire de la place au quartier commercial qui, lui, se dote évidemment d'ascenseurs intérieurs.

◁ AVENUE DE CHATEAUBRIAND

7605
7609

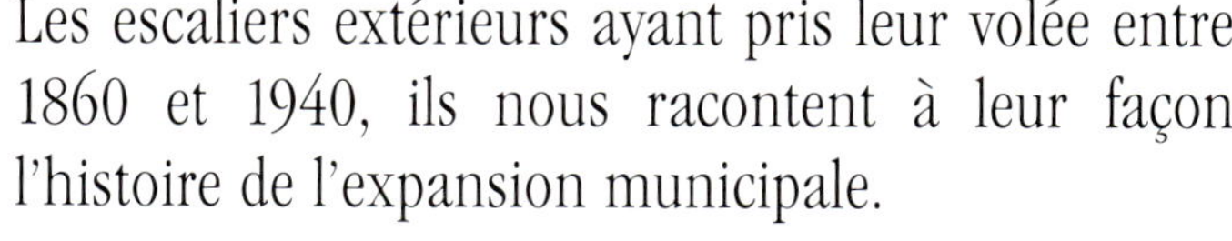

Les escaliers extérieurs ayant pris leur volée entre 1860 et 1940, ils nous racontent à leur façon l'histoire de l'expansion municipale.

Du sud au nord, en 1860, Montréal ne s'étendait guère au-delà de la rue Sherbrooke. D'est en ouest, elle était à peu près contenue entre les rues Amherst et De la Montagne. Voilà donc un secteur, dans l'arrondissement Ville-Marie d'aujourd'hui, où l'escalier est rarissime.

On le trouve un peu plus fréquemment dans l'actuel arrondissement Sud-Ouest qui englobe les anciens villages de Griffintown, Victoriatown, Saint-Gabriel, Sainte-Cunégonde, Saint-Henri et Côte-Saint-Paul. Densément peuplés bien avant l'ère des promoteurs, ces villages maintenant agglomérés ont connu, au fil des ans, des incendies qui ont laissé des trous ici et là, et la maison de rapport s'y est très souvent installée avec son répertoire d'étagères à la devanture.

Au-delà de ces territoires, les escaliers avaient le champ libre et ils l'ont largement occupé en gagnant vers le nord et vers l'est du mont Royal. Vers l'ouest, une municipalité plutôt cossue, Westmount, n'a jamais été friande de ces gymnastiques métalliques

◁ RUE BOYER

extérieures, favorisant plutôt la maison unifamiliale, moins petite que vaste. Quand l'appartement est devenu à la mode, même pour les riches, l'ascenseur avait été inventé.

Voilà donc notre escalier girafe en goguette qui remonte les grandes rues du Plateau-Mont-Royal, qui s'étend vers l'est sans vergogne et qui, aujourd'hui, se retrouve partout chez lui dans les arrondissements de Mercier – Hochelaga-Maisonneuve, Rosemont – Petite-Patrie, Villeray – Saint-Michel – Parc-Extension.

À Outremont, sa présence timide est réservée aux recoins moins huppés.

On ne les trouve pas nombreux non plus dans les villes presque uniquement domiciliaires qui ont vu le jour après la Seconde Guerre mondiale – 1939-1945 – et qui, pour plusieurs, sont devenues des arrondissements de Montréal après les fusions de 2002. La maison unifamiliale y était surtout à l'honneur, avec son morceau de pelouse, parfois sa piscine, et quand le propriétaire décidait de construire un duplex pour rentabiliser son investissement, l'escalier intérieur était revenu à l'honneur, et pour une excellente raison : depuis

△ RUE BOYER

1940, après les campagnes répétées des élites montréalaises pour un certain esthétisme urbain, un règlement municipal interdisait la construction des escaliers extérieurs se rendant à l'étage.

Ce règlement n'entraînait toutefois pas la démolition des « monstres » existant déjà. Entretenus, remplacés, enjolivés, ils ont toujours droit de cité et on peut même en construire de nouveaux, selon les règlements des arrondissements, dans les rues et les quartiers où on rencontre leurs ancêtres.

AVENUE CHRISTOPHE-COLOMB

△ AVENUE DE GASPÉ

RUE DROLET ▷

◁ AVENUE CHRISTOPHE-COLOMB

△ AVENUE DE GASPÉ

6744

Un peu de gymnastique

Sur Saint-Denis une dentelle d'escaliers
Sur Christophe-Colomb et Saint-Hubert aussi
Festonnent les façades rangées en série
Comme des vrilles s'agrippant aux espaliers

Le laitier le facteur de palier en palier
Se plie volontiers à cette géométrie
Se visse et se dévisse en toute symétrie
De spirale en spirale à travers le quartier

De bas en haut de haut en bas sans oublier
De ramasser ici un marmot en détresse
Ou là de consoler un naïf écolier

Qui se croyant un invincible chevalier
Pour séduire sa belle par noble prouesse
A dévalé la rampe en se brûlant les fesses

◁ RUE DROLET

△ AVENUE LAPORTE

40
42
WELCOME

Oh! Mais l'esthétique

On imagine mal, aujourd'hui, l'horreur que suscita la construction soudaine et massive des maisons avec escaliers extérieurs aux confins des quartiers résidentiels de 1860, tous habitués à la résidence unifamiliale, aussi extravagante ou modeste qu'elle soit, et plantée directement sur le trottoir. L'offensive banlieusarde de l'époque, devenue le cœur du Montréal domiciliaire d'aujourd'hui, a été le règne des « promoteurs », et l'esthétisme de leurs réalisations a été évoqué et discuté longtemps après que fut comblée la nécessité de loger tous les nouveaux venus.

Les urbanistes et architectes qui font l'histoire de cette époque trouvent peu de documents pour expliquer l'apparition des escaliers sur les façades des maisons. La raison en est simple. Les bourgeois de l'époque n'habitaient que des maisons unifamiliales et, forcément, n'avaient que du mépris pour ces constructions qui contenaient deux ou trois maisons unifamiliales en un seul bâtiment.

Les historiens de l'époque étant généralement des bourgeois, ils ne se sont guère attachés à ce sujet trivial, et quand ils se sont mis à en parler, ils

◁ RUE RIELLE

n’avaient rien d’aimable à raconter sur l’habitat de leurs voisins prolétaires.

Quelques exemples :
« (La maison) qu’occupaient les Bazinet était en brique, à trois étages, précédée de l’étonnant escalier qui donnait aux maisons de l’est un aspect si particulier. La perspective de ces rues à escaliers protubérants était un peu effarante. On eût dit que les maisons demeuraient continuellement en construction et qu’il fallait y pénétrer par des échelles provisoires[1]. »

« Mon père professait le plus profond mépris pour les “flats”. Que des gens, qui ne se connaissent pas, consentent à vivre tous ensemble sous un même toit lui paraissait affreux. Il ne voulait pas entendre sur sa tête et sous ses pieds remuer, parler et exister “des peuplades étrangères”[2]. » Un article du journal *Le Devoir* parle du célèbre Édouard Montpetit comme d’« un qui a souvent dénoncé ce mal », et le même article rapporte ceci : « Il n’est que juste d’évoquer le souvenir de M. Baboulène (son prénom nous échappe), qui fut professeur d’art décoratif à l’École Polytechnique [et qui] vitupérait contre cette indignité des escaliers extérieurs

◁ RUE DU COUVENT

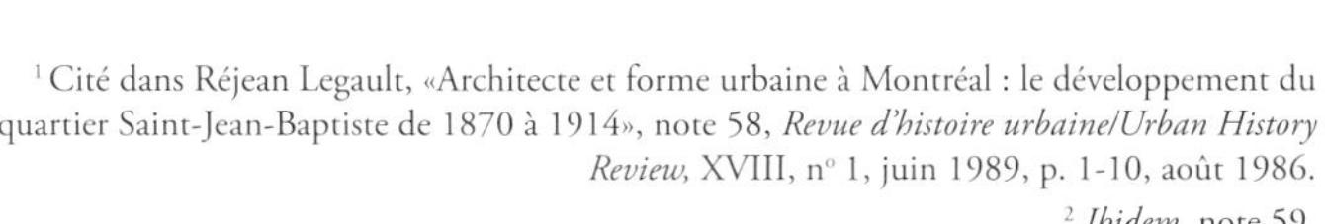
[1] Cité dans Réjean Legault, «Architecte et forme urbaine à Montréal : le développement du quartier Saint-Jean-Baptiste de 1870 à 1914», note 58, *Revue d’histoire urbaine/Urban History Review*, XVIII, nº 1, juin 1989, p. 1-10, août 1986.

[2] *Ibidem*, note 59.

dans une ville qu'il aimait [...] et il publia, vers 1913 dans *Le Devoir,* une série d'articles[3]. »

Dans la *Revue populaire* de septembre 1933, MM. Roméo Boucher et Jean Chauvin consacrent une étude à nos « belles » escaliers. « Nous avons préféré, écrivent-ils, rire des escaliers extérieurs plutôt que d'en pleurer. Mais la farce a tout de même assez duré et l'on ne doit plus montrer, en face des escaliers, dont la vogue gagne rapidement Québec, Trois-Rivières, Sorel et Joliette, "ce courage ridicule qu'on appelle résignation", selon le mot de Stendhal[4]. »

Pour faire disparaître les escaliers, le même article propose qu'on taxe les marches et qu'on vote une loi provinciale pour les abolir, puisque les règlements municipaux n'y arrivent pas.

Le règlement municipal de 1940 – modifié combien de fois depuis ? – interdira de nouvelles constructions d'escaliers extérieurs.

[3] *Le Devoir,* 30 août 1933.
[4] *Ibidem.*

△ BOUL. GEORGES-VANIER

2636
Casavant

Mais le mépris persistera, puisque Victor Barbeau, fondateur de l'Académie canadienne-française, écrira en 1941 : « ... ces logements-corridors allongés d'une échelle improprement appelée escalier... ces escaliers extérieurs dont personne ne nous contestera la paternité devant l'histoire[5]. »

Méprisés dès leur introduction dans l'architecture montréalaise, ces escaliers extérieurs deviendront le symbole certain du prolétariat, d'une sous-classe de citoyens. D'abord, il ne fallait pas porter la fierté très haut pour devenir acquéreur d'une propriété affublée d'un pareil appendice. Passe encore d'avoir le nez long, mais de l'avoir tordu en plus...

Quant aux locataires, ce ne pouvait être que « du pauvre monde » qui ne connaissait pas mieux et qui n'avait pas les moyens de se loger plus convenablement.

[5] Victor Barbeau, *Ville ô ma ville*, Montréal, Société des Écrivains canadiens, 1941.

◁ RUE RUSHBROOKE

P
8h30-11h30
MERCREDI
AVRIL AU 1 DÉC
2226

◁ RUE COURSOL

△ AVENUE LAPORTE

5755
GARE
AUX
CHIENS

L'art d'attendre

Tout ce qui monte à un moment
Bientôt à l'autre redescend
Mais l'escalier est surprenant
Il fait les deux en même temps

Regardez attentivement
Sans jamais perdre son élan
Sans jamais bouger un instant
Il reste là debout devant

La longue file des passants
Qui vont et viennent constamment
Parfois courant parfois marchant

Trop pressés ou trop nonchalants
Il les invite tous pourtant
Mais un escalier c'est patient

◁ RUE ANGERS

△ RUE DES ÉCORES

Sérendipité

Le mot sérendipité fait lentement son chemin dans la langue française, et son acceptation ne saurait être qu'une question de temps, car il est la clé en or de la recherche scientifique. L'écrivain anglais Horace Walpole inventa ce mot le 28 janvier 1754 après la lecture d'un conte médiéval, *Les trois princes de Serendip*, mieux connu sous son nom italien de *Peregrinnagio*.

Les trois princes allaient banalement leur chemin, mais comme des précurseurs de Sherlock Holmes, ils possédaient un sens de l'observation et de la déduction qui leur faisait découvrir des réalités fort peu banales. D'une simple crotte de chameau et du foulage de l'herbe au bord de la route, ils déduisaient le passage d'une importante caravane et, chemin faisant, ils apprenaient tout à partir de rien.

Quand Walpole inventa le mot, il lui donna le sens suivant : « L'art de faire des découvertes autant par accident que par sagacité, alors qu'on est à la poursuite d'autre chose. »

Aujourd'hui, on parle plus volontiers de « découverte accidentelle » dans la recherche d'autre chose.

◁ RUE BOYER

Il s'agit d'ouvrir les yeux sur ce qui arrive et à quoi on ne s'attendait pas. Ces découvertes accidentelles sont légion dans la recherche scientifique, dans l'art, dans la littérature. La dynamite d'Alfred Nobel est une erreur. Il cherchait à neutraliser la nitroglycérine lorsque cette merveille lui sauta à la face et qu'il comprit ses immenses possibilités.

Un des plus fameux vers de la poésie française est né d'une erreur.

> *Et rose elle a vécu ce que vivent les roses*
> *L'espace d'un matin*[6]

L'auteur, François Malherbe, avait écrit « Rosette » plutôt que « rose elle », et l'erreur est due au typographe que Malherbe félicita chaleureusement.

Tout cela pour en venir à ces escaliers extérieurs, si décriés, si condamnés par les esthètes et les puristes de l'architecture urbaine lors de leur apparition, et jusqu'aux années 1950.

À vrai dire, ces gens-là n'avaient pas complètement tort.

[6] François Malherbe, « Stances à Du Perrier sur la mort de sa fille » (1601).

Tout nus dans leur squelette métallique, ces appendices incongrus accolés à la résidence des indigents de l'époque n'avaient rien de très jojo. Ils étaient même très laids, et pour s'en convaincre, il suffit d'aller en voir quelques-uns ici et là, privés de tout enjolivement. S'il fallait qu'il en soit ainsi à longueur de rue dans tout un quartier, ce serait un désastre visuel et une invitation à la dépression permanente.

Or, ce l'était probablement. Sauf que les indigents les ont entretenus, les ont décorés, les ont embellis et ont profité de leur présence pour aménager les jardins les plus minuscules et les plus divers, pour faire entrer arbres, arbustes, vignes et fleurs dans le décor, pour escorter la rue de bout en bout.

Sérendipité !

Il faut se souvenir du conte de Hans Christian Andersen où le vilain petit canard devient un beau cygne.

L'erreur d'hier est devenue une beauté, un milieu urbain très agréable et tellement plus vivant que les rues dignes, nobles et austères du Vieux-Montréal, par exemple, ou que ces interminables banlieues

△ RUE SAINT-VALLIER

où l'on devient esclave de l'automobile pour trouver un litre de lait ou un cornet de crème glacée.

Oh ! Bien sûr, il y a des autos ici aussi, souvent insérées pare-choc à pare-choc en belle rangée le long du trottoir. Dans nos rues à escaliers toutefois, l'auto sert uniquement pour aller ailleurs. De trois étages en trois étages, la population est suffisamment dense pour soutenir tout un éventail de commerces à portée de jambes ou de bicyclettes.

– Le dépanneur, la pizzeria, la caisse populaire ?

– C'est tout juste au coin de la rue, là.

– La tabagie, la « buanderette », le club vidéo ?

– Ah ! ça, c'est juste au coin de l'autre rue.

Depuis un siècle qu'ils sont là, ils ont vu passer du monde, les escaliers de Montréal.

◁ RUE DE LA ROCHE

Combien d'enfants les ont grimpés en riant ou en pleurant au retour de l'école ?

Combien d'amoureux y ont échangé quelques mots doux qui les ont aidés à accepter la vie au lieu de s'en décourager ?

Combien de parents les ont montés, les bras pleins de paquets pour ceux qui les attendaient là-haut ?

Et combien d'oiseaux ont répondu à l'invitation que leur faisaient les arbres ?

RUE SAINT-VALLIER ▷

◁ AVENUE CHRISTOPHE-COLOMB

△ RUE SAINT-VALLIER

Attention à la marche

Non Jean
Tu descends
Tranquillement
Prends ton temps
Tu n'es pas pressé
Ne va pas te casser
Une jambe pour arriver
Dix minutes avant la cloche
T'as mis tes clés dans ta poche
Arrête Jean Attache tes galoches
Fais bien attention de ne pas tomber
Tu vois que les marches sont mouillées
Et c'est tout plein de feuilles dans l'escalier
Oublie pas quand tu reviendras dîner ce midi
Si on m'appelle ça se pourrait que je sois partie
Tu iras sonner en bas chez madame Sainte-Marie
Bon c'est beau te voilà rendu en bas Ah non j'oubliais
Pour ton absence hier Tant pis J'ai oublié d'écrire un billet
Bonne journée mon chou Mets ton chapeau le temps est frais

◁ RUE DE LA ROCHE

△ AVENUE OUTREMONT

5458

Place aux tout-petits

Montréal n'a pas que de grands escaliers dégingandés. Il en a également de petits. Beaucoup, beaucoup, beaucoup. On serait tenté de croire que cela va de soi, mais non. Cela ne va pas de soi du tout. La grande vogue est apparue après la guerre de 1939-1945 quand le boom de la construction a repris, alors que le règlement municipal interdisait désormais les grands élans extérieurs depuis 1940.

Comment continuer la rentabilisation d'une construction sans y ajouter quelques logis qui ne soient pas tous mangés par un escalier intérieur ?

La réponse, c'est d'en aménager un dans le sous-bassement, les fameux « demi-sous-sol ».

Il n'a jamais été nécessaire de creuser à deux ou trois mètres sous terre pour construire une maison solide, et avant 1940, on se contentait souvent d'un espace d'aération, le vide sanitaire des architectes, sous le plancher principal.

Le profit a toujours été la carotte de l'âne, et c'est le profit, ou du moins une plus grande rentabilité,

◁ AVENUE DE L'ESPLANADE

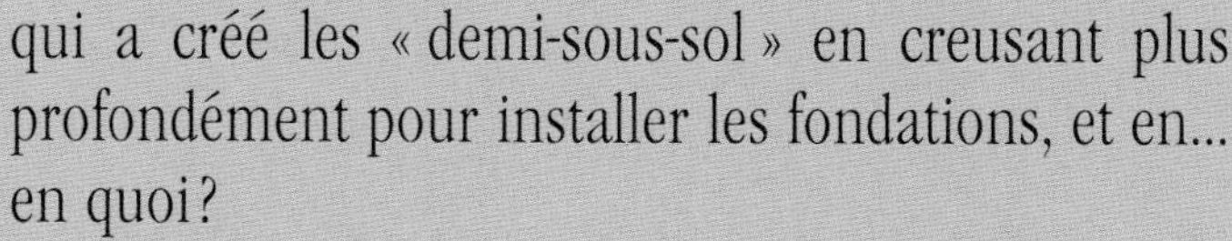

qui a créé les « demi-sous-sol » en creusant plus profondément pour installer les fondations, et en... en quoi?

Eh oui! En surélevant le plancher principal au-delà du prétendu « rez-de-chaussée ».

Ainsi, au cours de la moindre promenade, par l'élévation de l'entrée principale au-dessus du sol, ou par la présence du petit escalier, on peut dire avec une quasi-certitude que la maison a été construite avant ou après 1940.

Comme ces petits escaliers exigent infiniment moins de technicité que leur grand frère, les variations deviennent illimitées, et ils peuvent être plus charmants les uns que les autres, parce que différents.

Et puis, à bien y penser, quand vient l'hiver et le temps de pelleter, c'est tellement plus facile de jeter la neige en bas du perron plutôt que de l'ajouter aux congères qui bordent le trottoir de l'entrée.

◁ AVENUE ELMWOOD

453

◁ AVENUE OUTREMONT △

△ AVENUE OUTREMONT

AVENUE BLOOMFIELD ▷

192

196
196

Des vies en gradins

L'automne a des parfums de corbeilles fleuries
Dodelinant aux vérandas des galeries
Ou déposées sur les pilastres des balcons
Au pied duquel Pierre a oublié son ballon

L'érable perd ses feuilles d'un beau vermillon
Celles du peuplier sont d'un jaune citron
Et les plates-bandes se font des jalousies
À coups de géraniums et de rudbeckies

La première gelée nous sera bien cruelle
Mais un vent de gaieté remonte la ruelle
À quatre heures quand reviennent les écoliers

Et que leur pas résonne dans les escaliers
Avec des moqueries pour Claude et Gabrielle
Qui se sont embrassés au coin d'avant chez elle

◁ AVENUE BLOOMFIELD

△ AVENUE VICTORIA

15

Un espace écologique

L'ornement des escaliers, ce sont les fleurs et les arbres qui escortent les maisons quand ce ne sont pas des vignes et des lierres qui grimpent le long des barreaux des mains courantes, des clématites qui escaladent les tuteurs accrochés au balcon de l'étage, des lilas qui vont fleurir jusque là aussi et qui revêtent les façades d'un frais manteau de verdure.

Et les corbeilles de fleurs, pleines de géraniums, de pétunias, d'impatientes, de capucines, d'alyssum, simplement déposées sur les marches ou suspendues aux rampes des balcons, les jardinières de fuchsias suspendues un peu partout et balançant leurs pendants d'oreilles dans la brise qu'ils parfument.

Il faudrait parler des arbres aussi, érables, frênes, peupliers, tilleuls en majorité, avec l'occasionnel sapin bleu, les pommetiers ornementaux et toutes les espèces qui, avec les fleurs, font de certaines rues des jardins botaniques admirables où, dans une semi-intimité qu'ils se sont créée, les citoyens jouissent d'un peu de beauté, de calme et de paix dans l'antichambre de l'agitation urbaine.

◁ COUR ARRIÈRE À WESTMONT

261
257

Et c'est là l'autre ornement des escaliers, les gens qui vont et qui viennent, les enfants qui y jouent, qui s'y assoient pour causer de tout et de rien, pour chausser leurs patins à roues alignées, le chat sur le palier, quand ce n'est pas le chien, le merle qui a fait son nid dans le pommettier juste sous le balcon, le chant de la tourterelle triste sur un fil, le cri de l'engoulevent sur les toits et les écureuils qui courent partout.

Entre la rue et la maison, l'escalier a créé un espace écologique essentiel.

◁AVENUE MELVILLE

449

Vert Kyoto

Je voudrais que partout des arbres m'accompagnent
Avec leurs longs bras pleins de vertes frondaisons
Qui vont se balançant au-dessus des maisons
Pour donner à la ville des airs de campagne

En tirant une chaise tout près de leur tronc
On découvre une architecture de cocagne
Des cintres des lacis des châteaux en Espagne
Une base solide à l'improvisation

L'homme en plante partout de quartier en quartier
Mais il en coupe autant de chantier en chantier
La feuille et le béton sont partout en chicane

L'un est toujours trop lourd et l'autre diaphane
Témoigne de fraîcheur dans la diversité
Et la complexité dont toute vie émane

◁AVENUE ELM

Salut, mon grand

Avec sa montagne au milieu de son île, Montréal était prédestinée à devenir une ville aux multiples escaliers, et elle n'a pas raté son destin.

On en trouve tout autour du mont Royal, escaliers municipaux plus ou moins importants les uns que les autres, prolongements de rues souvent dissimulés sous les ombrages.

Westmount aussi les multiplie aux flancs d'un autre sommet de la montagne.

Mais la palme revient à l'escalier de l'Oratoire Saint-Joseph, œuvre d'un autre prolétaire de la même florissante époque, le bienheureux frère André, convers de la communauté de Sainte-Croix, qui vécut de 1845 à 1937.

Affecté à la porterie au Collège Notre-Dame, il avait sa cellule tout juste devant le flanc nord-ouest de la montagne et il pouvait la contempler du matin au soir. Or, l'humble religieux avait une dévotion toute particulière pour saint Joseph, et un jour, il traversa la rue pour aller confier à une anfractuosité du rocher de la montagne une statuette de son idole.

◁ ORATOIRE SAINT-JOSEPH

Il prit ensuite l'habitude d'y monter faire ses dévotions dès qu'il avait une période de répit.

Inculte et visionnaire, le brave homme ne vivait que pour cette dévotion et il se mit en tête de convaincre sa communauté d'acquérir cette propriété pour y établir un oratoire en l'honneur de saint Joseph. Pour gagner ses supérieurs à sa cause, il se fit le thaumaturge du père de la sainte Famille, et sa réputation gagna toute l'Amérique du Nord, non sans qu'il sollicitât toujours et partout des aumônes pour le projet de saint Joseph lui-même.

Un oratoire des plus modestes vit le jour au flanc de la montagne en 1904. Un siècle plus tard, avec son dôme qui domine la ville et les environs à cinquante kilomètres ou plus à la ronde, l'Oratoire Saint-Joseph est un des lieux de pèlerinage les plus fameux en Amérique, et c'est certainement le monument le plus distinctif de Montréal.

De la rue au portique de la basilique, la pente est raide. Un chemin en boucles permet aux malades et aux paresseux d'y accéder en automobile, mais toute personne le moindrement fière empruntera plutôt le majestueux escalier de 283 marches.

◁ ORATOIRE SAINT-JOSEPH

Parallèlement, une scala-santa de 99 marches en bois accueille le pénitent qui veut monter à genoux.

Ces escaliers ne répondent évidemment pas aux critères des escaliers que l'on grimpe « sans se fatiguer », mais ils concentrent, exaltent et sanctifient une fierté montréalaise.

△ ORATOIRE SAINT-JOSEPH

Envoi

Soumis à l'escalier du temps
Je monte alors que tu descends
Et lorsque le vent tournera
Je descendrai tu monteras

9h-21h30
RÉSERVÉ
10
15h-23h